Britta Kummer

Kummers Suppentöpfchen

Satz: Britta Kummer
Covergestaltung: Britta Kummer
Webseite: http://brittasbuecher.jimdo.com
E-Mail: info.britta-kummer@t-online.de

Foto © privat
Illustrationen © Data Beckers Goldene Serie

ISBN: 978-3-7386-1124-3

© 2019 Herstellung und Verlag:
Books on Demand GmbH,
Norderstedt
www.bod.de

Kummers

Suppentöpfchen

Dieses Kochbuch hat keine Fotos zu den einzelnen Gerichten.

Ebenso gibt es keine Nährwertangaben, da diese auf fast allen Lebensmitteln angegeben sind.

Alle Rezepte in diesem Buch sind für drei Personen, sofern nicht anders angegeben.

INHALTSVERZEICHNIS

Vorwort

Nach Kummers Schlemmerkochbuch und Kummers Ofengerichte wurde wieder gemeinsam der Kochlöffel geschwungen. Zusammen macht es doch viel mehr Spaß.

Suppen und Eintöpfe machen satt und schmecken über das ganze Jahr. Sie sind so vielfältig. Hier werden der Kochfantasie keine Grenzen gesetzt und man kann sprichwörtlich "sein eigenes Süppchen" kochen!

Die Rezepte wurden alle am heimischen Herd erprobt. Die Zutaten sind erschwinglich und in jedem gut sortierten Einkaufsmarkt zu erwerben. Die Maßangaben der Gewürze sind auf unseren Geschmack abgestimmt.

Der eine isst lieber scharf, der andere mild. Deshalb scheuen Sie sich nicht, kreativ zu sein und die Gerichte ganz nach Ihrem Geschmack zu würzen. Schließlich heißt es: Die Königin der Kochrezepte ist die Fantasie.

Viel Spaß beim Nachkochen!

Literarische Vorspeise
Eintöpfe und Suppen im Wandel der Zeit

Früher hatte so mancher von uns die Märchen gelesen,

auch der Suppenkasper ist sicher mit dabei gewesen.

Warum er auf einmal diese Köstlichkeit so verweigert hat,

ist nicht überliefert bis zum heutigen Tag.

Ich esse keine Suppe! Nein!

So begann er eines Tages zu schreien.

Er hörte damit nicht mehr auf.

Das Schicksal des Suppenkaspers nahm einen tragischen Verlauf.

Wo Großmutter noch hatte den Kochlöffel geschwungen,

galten damals Eintöpfe und Suppen als gelungen.

Wenn Rind- und Schweinefleisch, auch die Rippchen

und zahlreiche Fettaugen aus der Suppe blickten.

Ein jeder der von einem Eintopf schwärmt,

wenn er schließlich wieder aufgewärmt.

Auch eine Hühnersuppe steht dem nichts nach,

die so manchem schon bei einer Erkältung half.

Jetzt geht es um die Ballaststoffe und auch die Kohlenhydrate,

zaubern Sie doch einfach mal einen Gehacktes-Eintopf mit Tomate.

Holen Sie sich mit diesem Kochbuch die vegetarische Küche ins Haus.

Es ist Zeit für Veränderungen – probieren Sie es aus.

Das Schwarzbrot kennen wir mit herzhaftem und süßem Belag.

Haben Sie es schon mal mit einer Suppe in Verbindung gebracht?

Ein raffiniertes Geschmackserlebnis auf den Punkt gebracht.

Seite für Seite der Rezepte ein purer Genuss.

Auch Freunde von Fisch kommen hier nicht zu kurz.

So mancher Liebhaber ist jetzt sicher kulinarisch angeregt,

wenn es um die vegetarische Küche geht.

Essen wir doch lieber ein Tellerchen Suppe – es ist nicht verkehrt.

Denken Sie an Ihre Gesundheit – Sie ist es Ihnen wert.

© Gudrun Krug

Suppen vegetarisch

Möhren-Suppe

Zutaten:

- 300 g Möhren
- 100 g Zwiebeln
- 1 - 2 EL frisch gehackte Petersilie
- 5 g frischer Ingwer
- 3 EL Creme fraiche
- 1 Lorbeerblatt
- 400 ml Gemüsebrühe
- 2 EL Olivenöl
- ½ TL Kreuzkümmel
- ½ TL Korianderpulver
- 1 TL Paprikapulver (süß)
- 1 TL Paprikapulver (scharf)
- 1 - 2 Prisen Cayennepfeffer

Zubereitung:

Möhren schälen und in Scheiben schneiden. Zwiebeln schälen und fein hacken. Ingwer schälen und reiben.

Olivenöl in einem Topf erhitzen. Möhren, Ingwer sowie Zwiebeln zufügen, mit den Gewürzen bestreuen (außer Cayennepfeffer) und andünsten.

Gemüsebrühe sowie Lorbeerblatt zufügen, aufkochen und bei mittlerer Hitze ca. 20 Minuten köcheln lassen.

In der Zwischenzeit Creme fraiche und Petersilie verrühren.

Suppe vom Herd nehmen und das Lorbeerblatt entfernen. Dann die Suppe pürieren und mit Cayennepfeffer würzen.

Die Suppe in Teller füllen und mit einem Klecks Petersilien-Creme fraiche bestreut servieren.

Steckrüben-Suppe

Zutaten:
- 300 g Steckrüben
- 100 g Schalotten
- 1 - 2 EL frisch gehackte Petersilie
- 2 EL geriebener Käse
- 2 EL Margarine
- 1 EL Mehl
- 4 EL flüssige Sahne
- 2 - 3 EL Milch
- 400 ml Gemüsebrühe
- 1 Prise Muskat
- 1 TL Salz
- 2 - 3 Prisen schwarzer Pfeffer

Zubereitung:
Steckrüben schälen und in Würfel schneiden. Schalotten schälen und fein hacken.

Margarine in einem Topf erhitzen. Steckrüben und Schalotten zufügen, mit Mehl bestäuben und anschwitzen.

Gemüsebrühe zufügen, aufkochen und bei mittlerer Hitze ca. 15 Minuten köcheln lassen. Dann die Suppe pürieren und mit Muskat, Salz sowie Pfeffer würzen.

Sahne, Milch sowie Käse zufügen und so lange köcheln lassen, bis sich der Käse aufgelöst hat.

Die Suppe in Teller füllen und mit Petersilie bestreut servieren.

Radieschen-Lauch-Suppe

Zutaten:
- 250 g Radieschen
- 150 g Lauch
- 1 EL frisch gehackte Petersilie
- 100 g Frischkäse
- 1 EL flüssiger Honig
- 200 ml Milch
- 200 ml Gemüsebrühe
- ½ TL Salz
- 2 - 3 Prisen Pfeffer

Zubereitung:
Radieschen waschen, putzen und dann pürieren. Lauch putzen, halbieren und in dünne Ringe schneiden.

Gemüsebrühe in einem Topf erhitzen, Radieschenpüree, Lauch, Milch sowie Frischkäse zufügen, aufkochen und bei schwacher Hitze ca. 10 Minuten köcheln lassen. Honig zufügen, mit Salz sowie Pfeffer würzen und dann noch 5 Minuten ziehen lassen.

Die Suppe in Teller füllen und mit Petersilie bestreut servieren.

Sellerie-Birnen-Suppe

Zutaten:

- 150 g Sellerie
- 150 g Birnen
- 50 g Kartoffeln
- 50 g Zwiebeln
- 1 - 2 EL frisch gehackte Petersilie
- 2 EL Zitronensaft
- 2 EL saure Sahne
- 400 ml Gemüsebrühe
- 2 EL Olivenöl
- 1 - 2 Prisen Piment
- 2 - 3 Prisen Salz
- 1 - 2 Prisen Chilipulver

Zubereitung:

Sellerie sowie Kartoffeln schälen und in Würfel schneiden. Zwiebeln schälen und fein hacken. Birnen schälen, vierteln, Kerngehäuse entfernen und die Birne dann in Würfel schneiden.

Olivenöl in einem Topf erhitzen und Sellerie, Kartoffeln, Zwiebeln sowie Birnen zufügen. Mit den Gewürzen bestreuen und darin anschwitzen.

Gemüsebrühe zufügen, aufkochen und bei mittlerer Hitze ca. 15 - 20 Minuten köcheln lassen. Dann die Suppe pürieren.

Zitronensaft und saure Sahne zufügen. Sollte die Suppe zu dickflüssig sein, noch etwas Wasser zufügen und weitere 5 Minuten köcheln lassen.

Die Suppe in Teller füllen und mit Petersilie bestreut servieren.

Zwiebel-Kartoffel-Suppe

Zutaten:

- 100 g rote Zwiebeln
- 100 g weiße Zwiebeln
- 100 g Kartoffeln
- 3 EL flüssige Sahne
- 3 EL Creme fraiche
- 2 EL Butter
- 400 ml Gemüsebrühe
- 2 EL Mandelblättchen
- 2 TL Zitronensaft
- 1 TL Kräutersalz
- 1 - 2 Prisen Cayennepfeffer

Zubereitung:

Zwiebeln schälen und fein hacken. Kartoffeln ebenfalls schälen und in Würfel schneiden.

Butter in einem Topf erhitzen und Zwiebeln sowie Kartoffeln darin anschwitzen.

Gemüsebrühe zufügen, aufkochen und bei schwacher Hitze ca. 15 Minuten köcheln lassen.

In der Zwischenzeit Mandelblättchen ohne Zugabe von Fett in einer Pfanne anrösten.

Sahne, Creme fraiche und Zitronensaft zufügen. Dann die Suppe pürieren und mit Kräutersalz sowie Cayennepfeffer würzen.

Die Suppe in Teller füllen und mit Mandelblättchen bestreut servieren.

Camembert-Suppe

Zutaten:

- 250 g Camembert
- 150 g Frühlingszwiebeln
- 6 EL Creme fraiche
- 100 ml Weißwein
- 400 ml Gemüsebrühe
- 1 TL Knoblauchsalz
- 2 - 3 Prisen schwarzer Pfeffer

Zubereitung:

Rinde vom Camembert entfernen und den Camembert dann in Würfel schneiden. Frühlingszwiebeln putzen und in Ringe schneiden.

Gemüsebrühe und Weißwein in einem Topf erhitzen. Camembert sowie Frühlingszwiebeln zufügen und bei schwacher Hitze so lange köcheln lassen, bis der Camembert geschmolzen ist. Eventuell pürieren, falls der Camembert sich nicht aufgelöst hat.

Creme fraiche unterheben, mit Knoblauchsalz sowie Pfeffer würzen und dann noch 5 Minuten ziehen lassen.

Käse-Suppe

Zutaten:

- 4 Toastbrotscheiben
- 150 g Lauch
- 1 Knoblauchzehe
- 100 g geriebener Bergkäse
- 100 g geriebener Edamer
- 100 g Sahneschmelzkäse
- 4 EL flüssige Sahne
- 2 EL Creme fraiche
- 400 ml Gemüsebrühe
- 1 - 2 EL Olivenöl
- 2 - 3 TL Paprikapulver (süß)
- 2 - 3 Prisen schwarzer Pfeffer

Zubereitung:

Rinde von den Toastbrotscheiben entfernen und den Toast dann in Würfel schneiden. Lauch waschen, putzen und in dünne Ringe schneiden. Knoblauchzehe schälen und fein hacken. Olivenöl in einem Topf erhitzen und Knoblauch sowie Lauch darin anschwitzen.

Gemüsebrühe, Sahne, Creme fraiche, Bergkäse, Edamer sowie Schmelzkäse zufügen, aufkochen und bei schwacher Hitze so lange köcheln lassen, bis der Käse geschmolzen ist. Eventuell pürieren, falls der Käse sich nicht ganz aufgelöst hat. Mit Paprikapulver und Pfeffer würzen.

In der Zwischenzeit die Toastbrotwürfel ohne Zugabe von Fett anrösten.

Die Suppe in Teller füllen und mit Toastbrotwürfel bestreut servieren.

Apfel-Suppe

Zutaten:
- ♦ 300 g Äpfel
- ♦ 100 g Zwiebeln
- ♦ 2 EL Butter
- ♦ 2 EL Zitronensaft
- ♦ 3 EL saure Sahne
- ♦ 3 EL flüssige Sahne
- ♦ 400 ml Gemüsebrühe
- ♦ 1 - 2 Spritzer Sambal Oelek
- ♦ 1 EL Currypulver
- ♦ 1 Prise Salz
- ♦ 2 - 3 Prisen weißer Pfeffer

Zubereitung:
Zwiebeln schälen und fein hacken. Äpfel schälen, halbieren und das Kerngehäuse entfernen. Dann die Äpfel in kleine Würfel schneiden und sofort mit dem Zitronensaft beträufeln.

Butter in einem Topf erhitzen. Zwiebeln sowie Äpfel mit Zitronensaft zufügen, mit Currypulver bestäuben und darin anschwitzen.

Gemüsebrühe zufügen, aufkochen und bei schwacher Hitze ca. 10 Minuten köcheln lassen. Einige Apfelstücke herausnehmen. Dann die Suppe pürieren.

Saure und flüssige Sahne zufügen. Mit Sambal Oelek, Salz sowie Pfeffer würzen. Die Apfelstücke wieder zufügen und dann noch 5 Minuten ziehen lassen.

Erdnuss-Suppe

Zutaten:
- 200 g Kartoffeln
- 100 g Zwiebeln
- 100 g rote Paprika
- 100 g Erdnüsse (ohne Schale)
- 2 EL frisch gehackter Koriander
- 100 ml Sojasahne
- 300 ml Gemüsebrühe
- 1 - 2 EL Olivenöl
- 1 TL Paprikapulver (süß)
- 1 TL Salz
- 2 - 3 Prisen Pfeffer

Zubereitung:
Kartoffeln schälen und in Würfel schneiden. Zwiebeln schälen und fein hacken. Paprika schälen, Kerngehäuse entfernen und die Paprika dann in Würfel schneiden.

Olivenöl in einem Topf erhitzen. Kartoffeln, Zwiebeln sowie Paprika zufügen und darin andünsten.

Gemüsebrühe zufügen, aufkochen und bei schwacher Hitze ca. 15 Minuten köcheln lassen.

In der Zwischenzeit die Erdnüsse ohne Zugabe von Fett rösten. Dann zusammen mit der Sojasahne zur Suppe geben. Die Suppe pürieren, mit Paprikapulver, Salz sowie Pfeffer würzen und dann noch 5 Minuten ziehen lassen.

Sellerie-Orangen-Suppe

Zutaten:

- ♦ 250 g Sellerie
- ♦ 50 g Zwiebeln
- ♦ 2 EL frisch gehackte Petersilie
- ♦ 100 g Cashewkerne
- ♦ 100 ml Orangensaft
- ♦ 100 ml flüssige Sahne
- ♦ 200 ml Gemüsebrühe
- ♦ 1 TL Zucker
- ♦ 1 - 2 Prisen Salz
- ♦ 2 - 3 Prisen Pfeffer

Zubereitung:

Sellerie schälen und in Würfel schneiden. Zwiebeln schälen und ebenfalls würfeln.

Gemüsebrühe, Sahne und Zucker in einem Topf erhitzen. Sellerie sowie Zwiebeln zufügen und solange köcheln lassen, bis der Sellerie weich ist.

In der Zwischenzeit die Cashewkerne ohne Zugabe von Fett rösten. Diese dann zur Suppe geben und alles pürieren.

Orangesaft zufügen und mit Salz sowie Pfeffer würzen. Suppe vom Herd nehmen und noch etwas ziehen lassen.

Die Suppe in Teller füllen und mit Petersilie bestreut servieren.

Kürbis-Suppe

Zutaten:

- 300 g Kürbis
- 100 g Zwiebeln
- 1 Knoblauchzehe
- 2 EL geriebener Käse
- 3 Toastbrotscheiben
- 4 EL flüssige Sahne
- 2 EL Butter
- 400 ml Gemüsebrühe
- 1 TL Kurkuma
- 1 - 2 TL Currypulver
- 1 TL Salz (für Salzwasser Kürbis)
- 2 - 3 Prisen schwarzer Pfeffer

Zubereitung:

Kürbis putzen, in mundgerechte Würfel schneiden und in Salzwasser vorgaren. Dann herausnehmen und beiseite stellen. Zwiebeln sowie Knoblauchzehe schälen und fein hacken. Rinde von den Toastbrotscheiben entfernen und das Brot dann in Würfel schneiden.

Butter in einem Topf erhitzen. Zwiebeln, Knoblauch sowie Kürbis zufügen und darin anschwitzen.

Gemüsebrühe zufügen, aufkochen und ca. 10 Minuten köcheln lassen. Dann die Suppe pürieren.

Sahne und Käse zufügen, mit Kurkuma, Currypulver sowie Pfeffer würzen und so lange köcheln lassen, bis sich der Käse aufgelöst hat.

In der Zwischenzeit die Toastbrotwürfel ohne Zugabe von Fett rösten.

Die Suppe in Teller füllen und mit Toastbrotwürfeln bestreut servieren.

Süßkartoffel-Suppe

Zutaten:
- 200 g Süßkartoffeln
- 100 g Möhren
- 50 g Schalotten
- 5 g frischer Ingwer
- 1 - 2 EL frisch gehackte Petersilie
- 4 EL flüssige Sahne
- 4 EL Orangensaft
- 350 ml Gemüsebrühe
- 2 EL Olivenöl
- ½ TL Currypulver
- 1 - 2 Prisen Salz
- 2 - 3 Prisen Pfeffer

Zubereitung:
Süßkartoffeln schälen und in Würfel schneiden. Möhren schälen und in Scheiben schneiden. Schalotten schälen und fein hacken. Ingwer schälen und reiben.

Olivenöl in einem Topf erhitzen. Süßkartoffeln, Möhren, Schalotten sowie Ingwer zufügen, mit Currypulver bestäuben und darin anschwitzen.

Gemüsebrühe zufügen, aufkochen und bei schwacher Hitze ca. 15 Minuten köcheln lassen. Dann die Suppe pürieren.

Topf vom Herd nehmen. Orangensaft sowie Sahne zufügen, mit Salz und Pfeffer würzen und dann noch 5 Minuten ziehen lassen.

Die Suppe in Teller füllen und mit Petersilie bestreut servieren.

Rote-Bete-Suppe

Zutaten:

- 300 g rote Bete (Glas)
- 50 g Zwiebeln
- 1 Knoblauchzehe
- 1 - 2 EL frisch gehackte Minze
- 2 EL Zitronensaft
- 100 ml Kokosmilch (Dose)
- 300 ml Gemüsebrühe
- 2 EL Olivenöl
- 1 TL Zucker
- 1 TL Kreuzkümmel
- ½ TL Ingwerpulver
- 1 - 2 Prisen Salz
- 1 - 2 Prisen Chilipulver

Zubereitung:

Rote Bete in einem Sieb abtropfen lassen. Zwiebeln sowie Knoblauchzehe schälen und fein hacken.

Olivenöl in einem Topf erhitzen, Rote Bete, Zwiebeln sowie Knoblauch zufügen, mit Kreuzkümmel sowie Zucker bestreuen und darin anschwitzen.

Gemüsebrühe, Zitronensaft sowie Kokosmilch zufügen, aufkochen und bei schwacher Hitze ca. 15 Minuten köcheln lassen. Dann die Suppe pürieren und mit Salz, Ingwerpulver sowie Chilipulver würzen.

Die Suppe in Teller füllen und mit Minze bestreut servieren.

Pastinaken-Ingwer-Suppe

Zutaten:

♦ 250 g Pastinaken
♦ 150 g Möhren
♦ 5 g frischer Ingwer
♦ 2 EL flüssige Sahne
♦ 2 EL Butter
♦ 400 ml Gemüsebrühe
♦ 2 EL Zucker
♦ 1 - 2 Prisen Salz
♦ 2 - 3 Prisen schwarzer Pfeffer

Zubereitung:

Pastinaken schälen und in Würfel schneiden. Möhren schälen und in Scheiben schneiden. Ingwer schälen und reiben.

Butter in einem Topf erhitzen und den Zucker darin etwas karamellisieren lassen. Pastinaken, Möhren sowie Ingwer zufügen und in dem Zucker wenden.

Gemüsebrühe zufügen, aufkochen und bei mittlerer Hitze ca. 15 Minuten köcheln lassen. Dann die Suppe pürieren.

Sahne zufügen, mit Salz sowie Pfeffer würzen und die Suppe noch etwas ziehen lassen.

Mais-Suppe

Zutaten:

- 250 g Mais
- 1 Knoblauchzehe
- 100 g Frühlingszwiebeln
- 50 g Schalotten
- 2 EL Zitronensaft
- 2 EL flüssige Sahne
- 1 - 2 EL flüssiger Honig
- 400 ml Gemüsebrühe
- 4 EL Olivenöl
- 1 - 2 Prisen Muskat
- 1 - 2 TL Currypulver
- 1 - 2 Prisen Salz
- 1 - 2 Prisen Cayennepfeffer

Zubereitung:

Knoblauchzehe schälen und fein hacken. Schalotten schälen und in dünne Scheiben schneiden. Frühlingszwiebeln putzen und in Ringe schneiden. Mais in einem Sieb abtropfen lassen

2 EL Olivenöl in einem Topf erhitzen und die Zwiebeln sowie Knoblauch darin anschwitzen.

Gemüsebrühe, Zitronensaft sowie Mais zufügen, aufkochen und bei schwacher Hitze ca. 6 - 7 Minuten köcheln lassen. Dann die Suppe pürieren.

Sahne zufügen, mit Muskat, Salz sowie Cayennepfeffer würzen und noch weitere 5 Minuten köcheln lassen.

In der Zwischenzeit das restliche Olivenöl in einer Pfanne erhitzen. Schalotten zufügen, mit Currypulver bestäuben und darin andünsten. Honig zufügen und die Schalotten etwas karamellisieren lassen.

Die Suppe in Teller füllen und mit den Schalotten bestreut servieren.

Brokkoli-Suppe

Zutaten:

- 250 g Brokkoli
- 100 g Zwiebeln
- 100 g Kräuterfrischkäse
- 2 EL Pinienkerne
- 1 EL Zitronensaft
- 2 EL flüssige Sahne
- 2 - 3 EL Schmand
- 2 EL Butter
- 400 ml Gemüsebrühe
- 1 - 2 Spritzer Worcestersoße
- 1 TL Salz (für Salzwasser Brokkoli)
- 1 - 2 Prisen Muskat
- 1 - 2 Prisen Kräutersalz
- 1 - 2 Prisen schwarzer Pfeffer

Zubereitung:

Brokkoli waschen, putzen, in kleine Röschen teilen und ca. 10 Minuten in Salzwasser bissfest garen. Zwiebeln schälen und fein hacken.

Butter in einem Topf erhitzen und die Zwiebeln darin anschwitzen.

Gemüsebrühe sowie Brokkoli zufügen, aufkochen und bei schwacher Hitze ca. 10 Minuten köcheln lassen. Dann die Suppe pürieren.

In der Zwischenzeit die Pinienkerne ohne Zugabe von Fett rösten.

Kräuterfrischkäse, Worcestersoße, Zitronensaft, Sahne und Schmand zufügen. Mit Muskat, Kräutersalz sowie Pfeffer würzen und solange köcheln lassen, bis der Käse sich aufgelöst hat.

Die Suppe in Teller füllen und mit Pinienkernen bestreut servieren.

Sellerie-Fenchel-Suppe

Zutaten:
- 150 g Sellerie
- 100 g Fenchel
- 50 g Kartoffeln
- 80 g Äpfel (säuerlich)
- 100 ml Sojasahne
- 300 ml Gemüsebrühe
- 2 - 3 EL Rapsöl
- 1 - 2 Prisen Salz
- 2 - 3 Prisen Pfeffer

Zubereitung:
Kartoffeln sowie Sellerie schälen und in Würfel schneiden. Äpfel schälen, vierteln, Kerngehäuse entfernen und die Äpfel dann ebenfalls würfeln. Fenchel putzen, halbieren und dann in feine Streifen schneiden.

Die Hälfte des Rapsöls in einem Topf erhitzen und die Kartoffeln, Sellerie sowie Apfelstücke darin andünsten.

Gemüsebrühe zufügen, aufkochen und bei mittlerer Hitze ca. 20 Minuten köcheln lassen.

In der Zwischenzeit das restliche Öl in einer Pfanne erhitzen und den Fenchel darin dünsten, bis er weich ist. Dann aus der Pfanne nehmen und beiseite stellen.

Sojasahne zufügen und die Suppe pürieren. Mit Salz und Pfeffer würzen und noch 5 Minuten ziehen lassen.

Suppe in Teller füllen und mit Fenchelstreifen bestreut servieren.

Apfel-Linsen-Suppe

Zutaten:
- 100 g Äpfel
- 50 g Schalotten
- 100 g Linsen (Dose)
- 2 EL Creme fraiche
- 150 ml Apfelsaft
- 2 EL Butter
- 250 ml Gemüsebrühe
- ½ TL Currypulver
- 1 - 2 Prisen Salz
- 2 - 3 Prisen Pfeffer

Zubereitung:
Äpfel schälen, vierteln, Kerngehäuse entfernen und die Äpfel in Würfel schneiden. Schalotten schälen und ebenfalls würfeln. Linsen in einem Sieb abtropfen lassen.

Butter in einem Topf erhitzen. Äpfel und Zwiebeln zufügen, mit Currypulver bestäuben und darin anschwitzen.

Gemüsebrühe sowie Linsen zufügen, aufkochen und bei schwacher Hitze ca. 10 - 15 Minuten köcheln lassen. Apfelsaft sowie Creme fraiche zufügen. Dann die Suppe pürieren und mit Salz sowie Pfeffer würzen.

Mangold-Suppe

Zutaten:

- 250 g Mangold
- 1 Knoblauchzehe
- 100 g Frühlingszwiebeln
- 2 EL frisch gehackte Petersilie
- 2 EL Butter
- 150 ml Kokosmilch
- 250 g Gemüsebrühe
- ½ TL Kreuzkümmel
- 1 - 2 Prisen Salz
- 2 - 3 Prisen Pfeffer

Zubereitung:

Strunk vom Mangold entfernen. Die welken Blätter, falls vorhanden, entfernen.

Blätter und Stiele waschen, in einem Sieb abtropfen lassen und dann die Stiele fein würfeln und die Blätter in mundgerechte Stücke schneiden. Knoblauchzehe schälen und hacken. Frühlingszwiebeln putzen und in Ringe schneiden.

Butter in einem Topf erhitzen und die Mangoldstiele, Knoblauch sowie Frühlingszwiebeln darin andünsten.

Gemüsebrühe zufügen, aufkochen und bei mittlerer Hitze 20 Minuten köcheln lassen. Nach 10 Minuten die Mangoldblätter sowie Kokosmilch zufügen und weiterköcheln lassen. Dann die Suppe pürieren und mit Salz, Kreuzkümmel sowie Pfeffer würzen.

Suppe in Teller füllen und mit Petersilie bestreut servieren.

Zucchini-Suppe

Zutaten:

- 250 g Zucchini
- 80 g Zwiebeln
- 100 ml Sojasahne
- 300 ml Gemüsebrühe
- 2 EL Rapsöl
- 2 TL Kurkuma
- 1 - 2 Prisen Salz
- 2 - 3 Prisen Pfeffer

Zubereitung:

Zucchini waschen und in Würfel schneiden. Zwiebeln schälen und ebenfalls würfeln.

Rapsöl in einem Topf erhitzen. Zucchini sowie Zwiebeln zufügen, mit Kurkuma bestäuben und darin anschwitzen.

Gemüsebrühe zufügen, aufkochen und bei mittlerer Hitze ca. 15 Minuten köcheln lassen. Dann die Suppe pürieren und mit Pfeffer sowie Salz würzen. Sojasahne zufügen und noch weitere 1 - 2 Minute köcheln lassen.

Paprika-Suppe

Zutaten:

- ♦ 250 g rote Paprika
- ♦ 100 g Kartoffeln
- ♦ 3 EL frisch gehackte Petersilie
- ♦ 2 EL Creme fraiche
- ♦ 400 ml Gemüsebrühe
- ♦ 2 EL Olivenöl
- ♦ 1 TL Chiliflocken
- ♦ ½ TL Salz
- ♦ 2 - 3 Prisen Pfeffer

Zubereitung:

Paprika schälen, das Kerngehäuse entfernen und die Paprika in Würfel schneiden. Kartoffeln schälen und ebenfalls würfeln.

Olivenöl in einem Topf erhitzen und die Paprika sowie Kartoffeln darin andünsten.

Gemüsebrühe zufügen, aufkochen und bei mittlerer Hitze ca. 15 Minuten köcheln lassen. Dann die Suppe pürieren.

Chiliflocken sowie Creme fraiche unterheben. Mit Salz sowie Pfeffer würzen und noch 5 Minuten ziehen lassen.

Suppe in Teller füllen und mit Petersilie bestreut servieren.

Gehacktes-Tomaten-Suppe

Zutaten:
- 200 g vegetarisches Gehacktes
- 1 Knoblauchzehe
- 200 g stückige Tomaten (Dose)
- 200 ml scharfer Tomatensaft
- 100 ml Sojasahne
- 2 EL Tomatenmark
- 2 EL Olivenöl
- 1 - 2 Prisen Tabasco
- 1 - 2 Prisen Paprikapulver (scharf)
- 1 - 2 Prisen Salz
- 2 - 3 Prisen Pfeffer

Zubereitung:
Knoblauchzehe schälen und fein hacken.

Olivenöl in einem Topf erhitzen und das Gehacktes darin zusammen mit dem Tomatenmark und Knoblauch scharf anbraten.

Tomaten mit Flüssigkeit, Tomatensaft sowie Sojasahne zufügen, aufkochen und bei schwacher Hitze ca. 10 Minuten köcheln lassen. Tabasco, Paprikapulver, Salz sowie Pfeffer zufügen und dann noch 5 Minuten ziehen lassen.

Kartoffel-Suppe

Zutaten:
♦ 300 g Kartoffeln
♦ 100 g Lauch
♦ 100 g Räuchertofu
♦ 2 EL Butter
♦ 100 ml Sojasahne
♦ 400 ml Gemüsebrühe
♦ 2 EL Olivenöl
♦ 1 Spritzer Sambal Oelek
♦ 1 - 2 Prisen Kräutersalz
♦ 2 - 3 Prisen Pfeffer

Zubereitung:
Lauch putzen und in Ringe schneiden. Kartoffeln schälen und in Würfel schneiden. Räuchertofu ebenfalls würfeln.

Olivenöl in einem Topf erhitzen und Lauch sowie Kartoffeln darin anschwitzen.

Gemüsebrühe und Sojasahne zufügen, aufkochen und bei schwacher Hitze ca. 15 - 20 Minuten köcheln lassen.

In der Zwischenzeit Butter in einer Pfanne erhitzen und den Räuchertofu darin knusprig anbraten.

Dann die Suppe pürieren und mit Sambal Oelek, Kräutersalz sowie Pfeffer würzen. Tofuwürfel mit Bratsud zufügen und noch 5 Minuten ziehen lassen.

Sauerkraut-Suppe

Zutaten:

- 250 g Sauerkraut (Dose)
- 150 g Kartoffeln
- 100 g Lauch
- 3 vegetarische Bockwürstchen
- 2 EL Tomatenmark
- 3 EL Apfelsaft
- 3 EL Creme fraiche
- 2 EL Butter
- 400 ml Gemüsebrühe
- 1 TL Rosenpaprika
- 1 - 2 Prisen Salz
- 2 - 3 Prisen Pfeffer

Zubereitung:

Kartoffeln schälen und in kleine Würfel schneiden. Lauch waschen, putzen und in Ringe schneiden. Sauerkraut etwas zerzupfen. Bockwürstchen in Scheiben schneiden.

Butter in einem Topf erhitzen. Kartoffeln, Sauerkraut, Lauch sowie Tomatenmark zufügen und darin anschwitzen.

Gemüsebrühe zufügen, aufkochen und bei mittlerer Hitze ca. 15 Minuten köcheln lassen. Dann die Suppe pürieren.

Bockwürstchen, Creme fraiche und Apfelsaft zufügen, mit Rosenpaprika, Salz sowie Pfeffer würzen und 5 - 10 Minuten köcheln lassen.

Petersilienwurzel-Maronen-Suppe

Zutaten:

- 250 g Petersilienwurzel
- 100 g Maronen
- 100 g Schalotten
- 2 EL Butter
- 150 g Sojasahne
- 250 g Gemüsebrühe
- 1 EL Senf (süß)
- 1 - 2 Prisen Salz
- 2 - 3 Prisen Pfeffer

Zubereitung:

Petersilienwurzel schälen und in Stücke schneiden. Maronen fein hacken. Schalotten schälen und in Würfel schneiden.

Butter in einem Topf erhitzen und Maronen sowie Schalotten darin anschwitzen.

Gemüsebrühe, Sojasahne, Senf sowie Petersilienwurzel zufügen, aufkochen und bei schwacher Hitze ca. 20 Minuten köcheln lassen. Suppe pürieren, mit Salz und Pfeffer würzen und noch 5 Minuten ziehen lassen.

Schwarzbrotsuppe

Zutaten:
- 6 Scheiben Schwarzbrot
- 150 g Schalotten
- 2 EL frisch gehackte Petersilie
- 2 EL Butter
- 200 ml Sojasahne
- 200 ml Gemüsebrühe
- 1 - 2 Prisen Muskat
- 1 - 2 Prisen Salz
- 2 - 3 Prisen Pfeffer

Zubereitung:
Schwarzbrot in Würfel schneiden. Schalotten schälen und ebenfalls würfeln. Butter in einem Topf erhitzen und das Schwarzbrot sowie die Schalotten darin anschwitzen.

Gemüsebrühe und Sojasahne zufügen, aufkochen und 10 Minuten köcheln lassen. Suppe pürieren, mit Muskat, Salz sowie Pfeffer würzen und dann noch 5 Minuten ziehen lassen.

Suppe in Teller füllen und mit Petersilie bestreut servieren.

Tomaten-Buttermilch-Suppe

Zutaten:
- 100 g Schalotten
- 2 EL frisch gehackte Petersilie
- 250 g stückige Tomaten (Dose)
- 2 EL Tomatenmark
- 2 EL Butter
- 200 ml Buttermilch
- 100 ml Sojasahne
- 1 - 2 Prisen Salz
- 2 - 3 Prisen Pfeffer

Zubereitung:
Schalotten schälen und in Würfel schneiden.

Butter in einem Topf erhitzen und die Schalotten darin zusammen mit dem Tomatenmark anschwitzen.

Buttermilch, Sojasahne sowie Tomaten mit Flüssigkeit zufügen, aufkochen und bei schwacher Hitze ca. 10 Minuten köcheln lassen. Suppe pürieren und mit Salz sowie Pfeffer würzen.

Suppe in Teller füllen und mit Petersilie bestreut servieren.

Kohlrabi-Möhren-Suppe

Zutaten:
- 150 g Kohlrabi
- 150 g Möhren
- 2 EL frisch gehackte Petersilie
- 2 EL Butter
- 2 EL Creme fraiche
- 100 ml Weißwein
- 300 ml Gemüsebrühe
- 1 TL Currypulver
- 1 - 2 Prisen Salz
- 2 - 3 Prisen Pfeffer

Zubereitung:
Kohlrabi sowie Möhren schälen und in Würfel schneiden.

Butter in einem Topf erhitzen. Möhren zufügen, mit Currypulver bestäuben und darin anschwitzen.

Gemüsebrühe, Weißwein sowie Kohlrabi zufügen, aufkochen und bei schwacher Hitze 15 Minuten köcheln lassen. Creme fraiche zufügen, die Suppe dann pürieren und mit Salz sowie Pfeffer würzen.

Suppe in Teller füllen und mit Petersilie bestreut servieren.

Kalte Gemüse-Suppe

Zutaten:

- 100 g Schlangengurke
- 50 g rote Paprika
- 50 g gelbe Paprika
- 50 g grüne Paprika
- 1 Knoblauchzehe
- 50 g Zwiebeln
- 100 g stückige Tomaten (Dose)
- 300 ml kalte Gemüsebrühe
- 2 EL Balsamico Essig
- 2 EL Rotweinessig
- 2 EL Olivenöl
- 1 Prise Zucker
- 1 - 2 TL Paprikapulver (süß)
- 1 TL Knoblauchsalz
- 2 - 3 Prisen Cayennepfeffer

Zubereitung:

Schlangengurke schälen, halbieren, Kerne entfernen und die Gurke in Würfel schneiden. Paprika schälen, Kerngehäuse entfernen und die Paprika ebenfalls würfeln. Zwiebel sowie Knoblauchzehe schälen und fein hacken.

Tomaten mit Flüssigkeit, Olivenöl, Gemüsebrühe, Rotweinessig und Balsamico verrühren.

¾ des Gemüses zufügen. Dann pürieren und mit Zucker, Paprikapulver, Knoblauchsalz sowie Cayennepfeffer würzen. Nun das restliches Gemüse wieder unterheben.

Eintöpfe vegetarisch

Möhren-Sprossen-Eintopf

Zutaten:

- 150 g Möhren
- 100 g Frühlingszwiebeln
- 150 g Bambussprossen (Glas)
- 2 EL frische Schnittlauchröllchen
- 2 EL Butter
- 400 ml Gemüsebrühe
- 2 EL flüssiger Honig
- 1 TL Currypulver
- 1 - 2 Prisen Salz
- 2 - 3 Prisen Pfeffer

Zubereitung:

Möhren schälen und in Stifte schneiden. Frühlingszwiebel putzen und in Ringe schneiden. Bambussprossen in einem Sieb abtropfen lassen.

Butter in einem Topf erhitzen. Möhren zufügen, mit Currypulver bestäuben und darin anschwitzen.

Gemüsebrühe sowie Bambussprossen zufügen, aufkochen und bei schwacher Hitze ca. 10 Minuten köcheln lassen. Honig zufügen, mit Salz und Pfeffer würzen und dann noch 10 Minuten köcheln lassen.

Den Eintopf in Teller füllen und mit Schnittlauchröllchen bestreut servieren.

Linsen-Reis-Eintopf

Zutaten:

- 150 g Linsen (Dose)
- 150 g Reis (Beutel)
- 100 g rote Zwiebeln
- 2 EL frisch gehackte Petersilie
- 2 EL Butter
- 2 EL Rosinen
- 400 ml Gemüsebrühe
- ½ TL gemahlener Koriander
- 1 TL Salz
- 2 - 3 Prisen schwarzer Pfeffer

Zubereitung:

Reis nach Packungsangabe zubereiten.

Zwiebeln schälen und fein hacken. Rosinen waschen und trocken tupfen. Linsen in einem Sieb abtropfen lassen.

Butter in einem Topf erhitzen und die Zwiebeln darin andünsten.

Gemüsebrühe, Linsen, Reis sowie Rosinen zufügen, aufkochen und bei schwacher Hitze ca. 10 - 15 Minuten köcheln lassen. Mit Koriander, Salz sowie Pfeffer würzen.

Den Eintopf in Teller füllen und mit der Petersilie bestreut servieren.

Birnen-Bohnen-Eintopf

Zutaten:

♦ 150 g Birnen
♦ 200 g grüne Bohnen
♦ 150 g Kartoffeln
♦ 100 g frischer Salbei
♦ 400 ml Gemüsebrühe
♦ 1 Prise Zucker
♦ 1 - 2 Prisen Meersalz
♦ 2 - 3 Prisen schwarzer Pfeffer

Zubereitung:

Bohnen putzen und halbieren. Kartoffeln schälen und in Würfel schneiden. Salbei waschen, trockenschütteln und zusammenbinden. Birnen waschen, vierteln, Kerngehäuse entfernen und die Birnen dann in Würfel schneiden.

Gemüsebrühe in einem Topf aufkochen. Kartoffeln sowie Salbeistrauß zufügen und ca. 20 Minuten köcheln lassen. Ca. 10 Minuten vor Ende der Garzeit die Bohnen sowie Birnen zufügen und zu Ende garen. Salbei entfernen. Mit Zucker, Meersalz sowie Pfeffer würzen und dann noch 5 Minuten ziehen lassen.

Gehacktes-Zimt-Eintopf

Zutaten:
♦ 150 g vegetarisches Gehacktes
♦ 100 g Kartoffeln
♦ 100 g Auberginen
♦ 50 g Möhren
♦ 80 g Zwiebeln
♦ 1 Knoblauchzehe
♦ 1 rote Chilischote
♦ 4 getrocknete Tomaten (nicht in Öl eingelegt)
♦ 1 EL Tomatenmark
♦ 2 EL rote Currypaste
♦ 1 Zimtstange
♦ 2 EL Butter
♦ 400 ml Gemüsebrühe
♦ 1 - 2 Prisen Kreuzkümmel
♦ 2 - 3 Prisen Zimt
♦ 2 - 3 Prisen Pfeffer

Zubereitung:
Auberginen waschen und in mundgerechte Stücke schneiden. Kartoffeln sowie Möhren schälen und würfeln. Zwiebeln sowie Knoblauchzehe schälen und fein hacken. Chilischote waschen, längs aufschneiden, entkernen und dann in feine Streifen schneiden. Tomaten würfeln.

Butter in einem Topf erhitzen. Gehacktes, Tomatenmark, Currypaste, Zwiebeln, Knoblauch sowie Gewürze zufügen und darin anschwitzen. Restliches Gemüse zufügen und kurz mitdünsten.

Gemüsebrühe sowie Zimtstange zufügen, aufkochen und bei mittlerer Hitze mit geschlossenem Deckel ca. 20 Minuten köcheln lassen. Zimtstange vor dem Verzehr entfernen.

Sauerkraut-Pilz-Eintopf

Zutaten:

- ◆ 150 g Sauerkraut (Dose)
- ◆ 100 g Kartoffeln
- ◆ 150 g weiße Champignons
- ◆ 100 g Zwiebeln
- ◆ 2 EL Pflaumenmarmelade
- ◆ 400 ml Gemüsebrühe
- ◆ 2 - 3 EL Olivenöl
- ◆ ½ TL Kreuzkümmel
- ◆ 1 TL Paprikapulver (süß)
- ◆ 1 TL Salz
- ◆ 2 - 3 Prisen Pfeffer

Zubereitung:

Kartoffeln schälen und in Würfel schneiden. Champignons putzen und vierteln. Zwiebeln schälen und fein hacken. Sauerkraut etwas zerzupfen.

Olivenöl in einem Topf erhitzen und das Gemüse darin anschwitzen.

Gemüsebrühe zufügen, aufkochen und bei mittlerer Hitze ca. 15 Minuten köcheln lassen. Pflaumenmarmelade unterheben, mit den Gewürzen abschmecken und dann noch 10 Minuten köcheln lassen.

Möhren-Kartoffel-Eintopf

Zutaten:
- 200 g Möhren
- 200 g Kartoffeln
- 100 g Lauch
- 2 EL frisch gehackte Petersilie
- 400 ml Gemüsebrühe
- 2 EL Sonnenblumenöl
- 1 TL getrockneter Thymian
- 1 Prise Zucker
- 2 - 3 Prisen schwarzer Pfeffer

Zubereitung:
Kartoffeln schälen und in kleine Würfel schneiden. Möhren schälen und in dünne Stifte schneiden. Lauch putzen und in Ringe schneiden.

Sonnenblumenöl in einem Topf erhitzen und Kartoffeln, Möhren sowie Lauch darin anschwitzen.

Gemüsebrühe zufügen, aufkochen und bei mittlerer Hitze ca. 15 Minuten köcheln lassen. Mit Thymian, Zucker und Pfeffer würzen.

Den Eintopf in Teller füllen und mit Petersilie bestreut servieren.

Cheddar-Gemüse-Eintopf

Zutaten:

- 150 g gelbe Paprika
- 100 g rote Zwiebeln
- 100 g Kartoffeln
- 1 Knoblauchzehe
- 1 - 2 EL frisch gehackte Petersilie
- 100 g Mais (Dose)
- 6 EL geriebener Cheddar
- 4 EL Creme fraiche
- 150 ml Milch
- 250 ml Gemüsebrühe
- 2 - 3 EL Olivenöl
- 1 - 2 TL Salz
- 2 - 3 Prisen Pfeffer

Zubereitung:

Paprika schälen, Kerngehäuse entfernen und die Paprika dann in Würfel schneiden. Kartoffeln schälen und ebenfalls würfeln. Zwiebeln sowie Knoblauchzehe schälen und fein hacken. Mais in einem Sieb abtropfen lassen.

Olivenöl in einem Topf erhitzen. Paprika, Zwiebeln, Knoblauch sowie Kartoffeln zufügen und darin kurz anschwitzen.

Gemüsebrühe, Mais sowie Milch zufügen, aufkochen und bei mittlerer Hitze ca. 20 Minuten köcheln lassen. Mit Salz und Pfeffer würzen.

Creme fraiche und Cheddar zufügen und bei schwacher Hitze so lange köcheln lassen, bis der Käse geschmolzen ist.

Den Eintopf in Teller füllen und mit Petersilie bestreut servieren.

Kichererbsen-Kräuter-Eintopf

Zutaten:

- ♦ 200 g Kichererbsen (Dose)
- ♦ 100 g Reis (Beutel)
- ♦ 50 g Zwiebeln
- ♦ 1 Knoblauchzehe
- ♦ Je ¼ EL frisch gehackter Dill, Petersilie, Estragon und Koriander
- ♦ 2 EL Joghurt
- ♦ 4 EL Creme fraiche
- ♦ 400 ml Gemüsebrühe
- ♦ 2 - 3 EL Olivenöl
- ♦ ½ TL Kurkuma
- ♦ ½ TL Kreuzkümmel
- ♦ 1- 2 Prise Salz
- ♦ 1 - 2 Prisen Chilipulver

Zubereitung:

Reis nach Packungsangabe zubereiten.

Zwiebeln sowie Knoblauchzehe schälen und fein hacken. Kichererbsen in einem Sieb abtropfen lassen.

Olivenöl in einem Topf erhitzen. Zwiebeln sowie Knoblauch zufügen, mit Kurkuma sowie Kreuzkümmel bestäuben und darin anschwitzen.

Gemüsebrühe, Kichererbsen und gehackte Kräuter zufügen, aufkochen und bei mittlerer Hitze ca. 10 Minuten köcheln lassen.

Reis, Joghurt und Creme fraiche unterheben. Mit Salz sowie Chilipulver würzen und noch 10 Minuten köcheln lassen.

Linsen-Zucchini-Eintopf

Zutaten:

- 150 g Linsen (Dose)
- 100 g Zucchini
- 3 EL frisch gehackte Minze
- 2 - 3 EL Zitronensaft
- 1 EL Butter
- 400 ml Gemüsebrühe
- ½ TL Kreuzkümmel
- 1 - 2 Prisen Kardamom
- 1 - 2 Prisen Chilipulver

Zubereitung:

Zucchini waschen und in Würfel schneiden. Linsen in einem Sieb abtropfen lassen.

Butter in einem Topf erhitzen und die Zucchini darin andünsten.

Gemüsebrühe sowie Linsen zufügen, aufkochen und bei schwacher Hitze ca. 10 Minuten köcheln lassen. Zitronensaft zufügen, mit Kreuzkümmel, Kardamom sowie Chilipulver würzen und dann noch 5 Minuten köcheln lassen.

Den Eintopf in Teller füllen und mit Minze bestreut servieren.

Champignon-Eintopf

Zutaten:
- 150 g weiße Champignons
- 150 g braune Champignons
- 100 g Möhren
- 2 EL frisch gehackter Dill
- 3 EL Joghurt
- 3 EL Schmand
- 400 ml Gemüsebrühe
- 1 TL Salz
- 2 - 3 Prisen Pfeffer

Zubereitung:
Champignons putzen und in Scheiben schneiden. Möhren schälen und in Würfel schneiden.

Gemüsebrühe in einem Topf aufkochen. Champignons sowie Möhren zufügen und bei mittlerer Hitze ca. 10 Minuten köcheln lassen. Dill, Schmand sowie Joghurt zufügen, mit Salz sowie Pfeffer würzen und dann noch 5 Minuten köcheln lassen.

Paprika-Gehacktes-Eintopf

Zutaten:

- 250 g vegetarisches Gehacktes
- 1 Knoblauchzehe
- 100 g rote Zwiebeln
- 150 g rote Paprika
- 2 EL Tomatenmark
- 200 ml Tomatensaft
- 200 ml Gemüsebrühe
- 2 - 3 EL Olivenöl
- 1 - 2 Spritzer Tabasco
- 1 TL Paprikapulver (scharf)
- 1 TL Salz
- 2 - 3 Prisen Pfeffer

Zubereitung:

Knoblauchzehe sowie Zwiebeln schälen und fein hacken. Paprika schälen, Kerngehäuse entfernen und die Paprika dann in Würfel schneiden.

Olivenöl in einem Topf erhitzen. Zwiebeln, Knoblauchzehe, Paprika, Gehacktes sowie Tomatenmark zufügen und alles zusammen darin scharf anbraten. Mit Paprikapulver, Salz und Pfeffer würzen.

Gemüsebrühe, Tomatensaft sowie Tabasco zufügen, aufkochen und bei mittlerer Hitze ca. 15 Minuten köcheln lassen.

Tomaten-Eintopf

Zutaten:

- ♦ 4 vegetarische Bockwürstchen
- ♦ 1 rote Chilischote
- ♦ 1 grüne Chilischote
- ♦ 5 g frischer Ingwer
- ♦ 3 Stängel Zitronengras
- ♦ 1 EL frisch gehackter Koriander
- ♦ 150 g Champignonköpfe (Dose)
- ♦ 300 g Tomaten (Dose)
- ♦ 2 EL Zitronensaft
- ♦ 1 EL Sojasoße
- ♦ 400 ml Gemüsebrühe
- ♦ 1 - 2 Prisen Pfeffer

Zubereitung:

Chilischoten waschen, längs aufschneiden, entkernen und dann in Würfel schneiden. Ingwer schälen und reiben. Zitronengras fein schneiden. Champignons und Tomaten in einem Sieb abtropfen lassen. Bockwürstchen in Scheiben schneiden.

Gemüsebrühe in einem Topf erhitzen. Alle weiteren Zutaten (außer Koriander) zufügen, aufkochen und bei schwacher Hitze ca. 15 Minuten köcheln lassen. Mit Pfeffer würzen.

Den Eintopf in Teller füllen und mit Koriander bestreut servieren.

Linsen-Süßkartoffel-Eintopf

Zutaten:

- 200 g rote Linsen
- 100 g Süßkartoffeln
- 100 g Lauch
- 50 g Rosinen
- 2 EL Creme fraiche
- 400 ml Gemüsebrühe
- 2 EL flüssiger Honig
- 1 TL Currypulver
- 1 - 2 Prisen Salz
- 2 - 3 Prisen schwarzer Pfeffer

Zubereitung:

Süßkartoffeln schälen und in Würfel schneiden. Lauch waschen, putzen und in dünne Ringe schneiden.

Gemüsebrühe in einem Topf erhitzen. Linsen, Süßkartoffeln sowie Lauch zufügen, aufkochen und so lange köcheln lassen, bis die Linsen fast gar sind. Mit Salz, Currypulver und Pfeffer würzen. Rosinen, Honig sowie Creme fraiche zufügen und dann noch 5 Minuten köcheln lassen.

Blumenkohl-Eintopf

Zutaten:

- 250 g Blumenkohl
- 100 g Stange Lauch
- 100 g Räuchertofu
- 50 g Fetakäse
- 150 ml Sojasahne
- 250 ml Gemüsebrühe
- 1 EL Butter
- 1 TL Salz (für Salzwasser Blumenkohl)
- 1 - 2 Prisen Salz
- 2 - 3 Prisen Cayennepfeffer

Zubereitung:

Blumenkohl waschen, putzen, in kleine Röschen teilen und ca. 10 Minuten in Salzwasser bissfest garen. Abschütten, in einem Sieb abtropfen lassen und dann ¾ der Röschen pürieren.

Lauch waschen, putzen und in Ringe schneiden. Räuchertofu in Würfel schneiden, Fetakäse ebenfalls würfeln.

Gemüsebrühe, Sojasahne, Blumenkohlpüree und Lauch in einen Topf geben, aufkochen und bei schwacher Hitze ca. 10 Minuten köcheln lassen.

In der Zwischenzeit Butter in einer Pfanne erhitzen und den Räuchertofu darin anbraten.

Tofu mit Bratsud, Fetakäse und die restlichen Blumenkohlröschen zu dem Eintopf geben, mit Salz sowie Cayennepfeffer würzen und dann noch 5 - 10 Minuten köcheln lassen.

Gehacktes-Bohnen-Eintopf

Zutaten:
- 250 g vegetarisches Gehacktes
- 100 g grüne Paprika
- 1 Knoblauchzehe
- 150 g Kidneybohnen (Dose)
- 100 g Erbsen (Dose)
- 3 EL Tomatenmark
- 150 ml Rotwein
- 250 ml Gemüsebrühe
- 1 - 2 EL Olivenöl
- 1 TL Paprikapulver (scharf)
- 1 - 2 Prisen Salz
- 1 - 2 Prisen Chilipulver

Zubereitung:
Paprika schälen, Kerngehäuse entfernen und die Paprika dann in Würfel schneiden. Knoblauchzehe schälen und fein hacken. Kidneybohnen und Erbsen in einem Sieb abtropfen lassen.

Olivenöl in einem Topf erhitzen. Gehacktes sowie Tomatenmark zufügen und darin scharf anbraten. Paprika sowie Knoblauch zufügen, mit Chilipulver würzen und kurz zusammen mit dem Gehacktes anschwitzen.

Gemüsebrühe, Rotwein, Kidneybohnen sowie Erbsen zufügen, aufkochen und bei schwacher Hitze ca. 15 Minuten köcheln lassen. Mit Paprikapulver sowie Salz würzen und dann noch 5 Minuten köcheln lassen.

Lauch-Kartoffel-Eintopf

Zutaten:
- ♦ 200 g Lauch
- ♦ 200 g Kartoffeln
- ♦ 100 g Möhren
- ♦ 100 g Äpfel
- ♦ 1 EL Apfelessig
- ♦ 400 ml Gemüsebrühe
- ♦ 2 EL Olivenöl
- ♦ 2 Prisen Muskat
- ♦ 1 - 2 Prisen Salz
- ♦ 2 - 3 Prisen Pfeffer

Zubereitung:
Lauch putzen und in Ringe schneiden. Kartoffeln schälen und in Würfel schneiden. Möhren schälen und in Stifte schneiden.

Olivenöl in einem Topf erhitzen und Lauch, Kartoffeln sowie Möhren darin anschwitzen.

Gemüsebrühe sowie Apfelessig zufügen, aufkochen und bei mittlerer Hitze ca. 20 Minuten köcheln lassen

In der Zwischenzeit die Äpfel schälen, vierteln, Kerngehäuse entfernen und die Äpfel dann in Würfel schneiden. Nach der Hälfte der Garzeit die Apfelwürfel zufügen. Mit Muskat, Salz sowie Pfeffer würzen und zu Ende köcheln.

Suppen mit Fisch

Krabben-Suppe

Zutaten:

- ♦ 200 g küchenfertige Krabben
- ♦ 100 g Sellerie
- ♦ 100 g Zwiebeln
- ♦ 100 g Möhren
- ♦ 2 EL frisch gehackter Dill
- ♦ 150 ml flüssige Sahne
- ♦ 250 ml Fischfond
- ♦ 1 - 2 EL Olivenöl
- ♦ 1 - 2 Prisen Salz
- ♦ 2 - 3 Prisen weißer Pfeffer

Zubereitung:

Krabben waschen und trocken tupfen. Sellerie schälen und in Würfel schneiden. Zwiebeln schälen und fein hacken. Möhren schälen und in Würfel schneiden.

Olivenöl in einem Topf erhitzen und das Gemüse darin andünsten.

Fischfond und Sahne zufügen, aufkochen und bei schwacher Hitze ca. 10 Minuten köcheln lassen. Dann die Suppe pürieren und mit Salz sowie Pfeffer würzen.

Krabben zufügen und dann noch 5 Minuten ziehen lassen, nicht mehr kochen.

Suppe in Teller füllen und mit Dill bestreut servieren.

Lachs-Champignon-Suppe

Zutaten:

- 150 g Räucherlachs
- 100 g weiße Champignons
- 100 g braune Champignons
- 50 Zwiebeln
- 2 EL frische Schnittlauchröllchen
- 100 ml flüssige Sahne
- 300 ml Fischfond
- 2 EL Olivenöl
- ½ TL Salz
- 2 - 3 Prisen schwarzer Pfeffer

Zubereitung:

Räucherlachs in Würfel schneiden. Champignons putzen und in Scheiben schneiden. Zwiebeln schälen und fein hacken.

Olivenöl in einem Topf erhitzen und die Champignons sowie Zwiebeln darin andünsten.

Fischfond sowie Sahne zufügen, aufkochen und bei mittlerer Hitze ca. 10 Minuten köcheln lassen. Dann die Suppe pürieren und mit Salz sowie Pfeffer würzen.

Räucherlachs zufügen und gar ziehen lassen, nicht mehr kochen.

Die Suppe in Teller füllen und mit Schnittlauchröllchen bestreut servieren.

Erbsen-Suppe mit Pangasius

Zutaten:

- ♦ 100 g küchenfertige Pangasiusfilets
- ♦ 250 g TK-Erbsen
- ♦ 100 g Stange Lauch
- ♦ 1 Knoblauchzehe
- ♦ 2 EL frisch gehackte Petersilie
- ♦ 2 EL Butter
- ♦ 100 ml Weißwein
- ♦ 300 ml Fischfond
- ♦ 1 - 2 Prisen Salz
- ♦ 2 - 3 Prisen Pfeffer

Zubereitung:

Pangasiusfilets waschen, trocken tupfen und in Würfel schneiden. Lauch putzen und in Ringe schneiden. Knoblauchzehe schälen und fein hacken.

Butter in einem Topf erhitzen und den Lauch sowie Knoblauch darin andünsten.

Fischfond, Weißwein, Erbsen und Lauch zufügen, aufkochen und bei schwacher Hitze ca. 10 Minuten köcheln lassen. Dann die Suppe pürieren und mit Salz sowie Pfeffer würzen.

Fisch zufügen und gar ziehen lassen, nicht mehr kochen.

Die Suppe in Teller füllen und mit Petersilie bestreut servieren.

Curry-Fisch-Suppe

Zutaten:

- 300 g küchenfertige Fischfilets
- 100 g Zucchini
- 80 g Zwiebeln
- 2 EL Zitronensaft
- 200 ml flüssige Sahne
- 200 ml Gemüsebrühe
- 2 - 3 EL Olivenöl
- 1 TL Currypaste (mild)
- ½ TL Currypulver
- 1 - 2 Prisen Salz
- 2 - 3 Prisen Pfeffer

Zubereitung:

Fischfilets waschen, trocken tupfen und in Würfel schneiden. Zwiebeln schälen und fein hacken. Zucchini waschen und in Würfel schneiden.

Olivenöl in einem Topf erhitzen und die Zucchini sowie Zwiebeln darin andünsten.

Gemüsebrühe, Sahne sowie Currypaste zufügen, aufkochen und bei schwacher Hitze ca. 10 Minuten köcheln lassen. Dann die Suppe pürieren und mit Salz, Currypulver sowie Pfeffer würzen. Fisch zufügen und gar ziehen lassen, nicht mehr kochen.

Spargel-Suppe mit Räucherlachs

Zutaten:
- 250 g weißer Spargel
- 100 g Zwiebeln
- 100 g Räucherlachs
- 2 EL frisch gehackter Dill
- 2 EL Margarine
- 2 EL saure Sahne
- 400 ml Gemüsebrühe
- 2 - 3 Prisen Salz
- 2 - 3 Prisen Pfeffer

Zubereitung:
Spargel schälen, die holzigen Enden abschneiden und dann in Stücke schneiden. Zwiebeln schälen und fein hacken. Räucherlachs in Streifen schneiden.

Margarine in einem Topf erhitzen. Spargel sowie Zwiebeln zufügen und darin andünsten.

Gemüsebrühe zufügen, aufkochen und bei schwacher Hitze so lange köcheln lassen, bis der Spargel weich ist. Dann die Suppe pürieren und mit Salz sowie Pfeffer würzen.

Saure Sahne sowie Räucherlachs zufügen und die Suppe ca. 5 - 8 Minuten ziehen lassen, nicht mehr kochen.

Die Suppe in Teller füllen und mit Dill bestreut servieren.

Eintöpfe mit Fisch

Kartoffel-Rotbarsch-Eintopf

Zutaten:
- 200 g küchenfertige Rotbarschfilets
- 200 g Kartoffeln
- 4 EL flüssige Sahne
- 2 EL frisch gehackte Petersilie
- 100 g stückige Tomaten (Dose)
- 400 ml Fischfond
- 1 - 2 Prisen Meersalz
- 2 - 3 Prisen schwarzer Pfeffer

Zubereitung:
Rotbarschfilets waschen, trocken tupfen und in mundgerechte Stücke schneiden. Kartoffeln schälen und in Würfel schneiden.

Fischfond in einem Topf erhitzen. Kartoffeln sowie Tomaten mit Flüssigkeit zufügen, aufkochen und bei mittlerer Hitze ca. 15 Minuten köcheln lassen. Sahne zufügen und mit Meersalz sowie Pfeffer würzen.

Fisch zufügen und gar ziehen lassen, nicht mehr kochen.

Den Eintopf in Teller füllen und mit Petersilie bestreut servieren.

Avocado-Fisch-Eintopf

Zutaten:

- 200 g küchenfertige Fischfilets
- 200 g Avocados
- 100 g Kartoffeln
- 100 g Lauch
- 2 EL frisch gehackter Dill
- 2 EL Zitronensaft
- 2 EL Schmand
- 400 ml Fischfond
- ½ TL Meersalz
- 2 - 3 Prisen Pfeffer

Zubereitung:

Fischfilets waschen, trocken tupfen und in mundgerechte Stücke schneiden. Lauch putzen und in Ringe schneiden. Kartoffeln schälen und in Würfel schneiden. Avocados halbieren, Kern entfernen und mit dem Zitronensaft pürieren.

Fischfond in einem Topf erhitzen. Lauch sowie Kartoffeln zufügen und ca. 15 Minuten köcheln lassen. Avocadomus und Schmand zufügen. Dann mit Meersalz und Pfeffer würzen.

Fischfilets zugeben und gar ziehen lassen, nicht mehr kochen.

Den Eintopf in Teller füllen und mit Dill bestreut servieren.

Zander-Kokos-Eintopf

Zutaten:
- 250 g küchenfertige Zanderfilets
- 100 g weiße Champignons
- 1 rote Chilischote
- 5 g frischer Ingwer
- 2 EL frisch gehackte Minze
- 2 EL Zitronensaft
- 100 g Mungobohnensprossen (Glas)
- 150 g Kokosmilch (Dose)
- 250 ml Gemüsebrühe
- 2 EL Olivenöl
- 2 Prisen Salz
- 2 - 3 Prisen Pfeffer

Zubereitung:
Zanderfilets waschen, trocken tupfen und in mundgerechte Stücke schneiden. Champignons putzen und in Scheiben schneiden. Chilischote waschen, längs aufschneiden, entkernen und die Chilischote dann in kleine Würfel schneiden. Ingwer schälen und reiben. Mungobohnensprossen in einem Sieb abtropfen lassen.

Olivenöl in einem Topf erhitzen und Champignons, Chili, Lauch, Schalotten sowie Ingwer darin anschwitzen.

Gemüsebrühe, Kokosmilch sowie Mungobohnensprossen zufügen, aufkochen und bei schwacher Hitze ca. 10 Minuten köcheln lassen.

Zitronensaft zufügen und mit Salz sowie Pfeffer würzen. Fischfilets zugeben und gar ziehen lassen, nicht mehr kochen.

Den Eintopf in Teller füllen und mit Minze bestreut servieren.

Garnelen-Gemüse-Eintopf

Zutaten:

- 100 g küchenfertige Garnelen
- 150 g Möhren
- 1 Knoblauchzehe
- 100 g Schalotten
- 100 g stückige Tomaten (Dose)
- 100 ml Weißwein
- 200 ml Fischfond
- 2 - 3 EL Olivenöl
- 1 Prise Zucker
- 1 - 2 Prisen Meersalz
- 2 - 3 Prisen Pfeffer

Zubereitung:

Garnelen waschen und trocken tupfen. Möhren schälen und in Scheiben schneiden. Schalotten sowie Knoblauchzehe schälen und fein hacken.

Olivenöl in einem Topf erhitzen. Möhren, Knoblauch sowie Schalotten zufügen, mit Zucker bestreuen und anschwitzen.

Fischfond, Weißwein, sowie Tomaten mit Flüssigkeit zufügen, aufkochen und bei schwacher Hitze ca.10 Minuten köcheln lassen. Mit Meersalz und Pfeffer würzen.

Garnelen zufügen und gar ziehen lassen, nicht mehr kochen.

Lachs-Orangen Eintopf

Zutaten:

- 300 g küchenfertige Lachsfilets
- 100 g gelbe Paprika
- 100 g rote Paprika
- 100 g Frühlingszwiebeln
- 2 Chilischoten
- 1 Orange
- 2 EL Orangensaft
- 200 ml flüssige Sahne
- 2 EL Butter
- 200 ml Fischfond
- 1 - 2 Prisen Salz
- 2 - 3 Prisen Cayennepfeffer

Zubereitung:

Lachsfilets waschen, trocken tupfen und in mundgerechte Stücke schneiden. Paprikas schälen, Kerngehäuse entfernen und die Paprika dann in feine Streifen schneiden. Frühlingszwiebeln putzen und in Ringe schneiden. Chilischoten waschen, längs aufschneiden, entkernen und dann in Würfel schneiden. Orange schälen, filetieren und diese dann halbieren.

Butter in einem Topf erhitzen und das Gemüse darin anschwitzen.

Fischfond, Sahne sowie Orangensaft zufügen, aufkochen und bei schwacher Hitze ca. 10 Minuten köcheln lassen. Mit Salz und Cayennepfeffer würzen.

Fisch- und Orangenfilets zufügen und den Fisch darin gar ziehen lassen, nicht mehr kochen.

Es darf gelacht werden

Der Gast will zahlen und ruft nach dem Ober:
„Was hatten wir denn?"
„Das weiß nur der Koch, bestellt hatte ich einen Gemüseeintopf."

Das Ehepaar sitzt beim Essen.
Er schiebt dem Hund seinen Suppenteller zu.
„Aber Jochen", meint Else vorwurfsvoll,
„du willst doch wohl nicht dein Essen dem Hund geben?"
„Natürlich nicht, nur tauschen."

Der Ober zum Gast:
„Na, wie schmeckt Ihnen die Suppe?"
Antwortet dieser:
„Es ist viel zu wenig Suppe im Salz!"

Beschwert sich der Gast:
„Herr Ober, in meiner Suppe schwimmt ein Hörgerät!"
Schreit der Ober:
„Wie bitte?"

Im Krankenhaus. „Ich bringe Ihnen gleich den Nachttopf", meint die
Krankenschwester fürsorglich und höflich.
Die Patientin zornig: „Was, muss man sich seine Suppe hier auch noch
selber kochen?"

„Schatz, was gibt es zu essen?"
„Nichts!"
„Das gab es schon gestern!"
„Ich hab auch für zwei Tage gekocht!"

Rezeptidee aus
„Kummers Schlemmerkochbuch"
ISBN: 978-3-7322-3126-3

Buchbeschreibung:
Das etwas andere Kochbuch!
In diesem Kochbuch finden Sie leckere Rezepte für jedermann sowie Zitate,
Witze, Reime und Geschichten rund um die schönste Nebensache der Welt:
Dem Kochen und Essen.
Egal ob vegetarische- oder kohlenhydratarme Rezepte, Gutes aus dem Meer
oder süße Verführungen:
In diesem Kochbuch ist für jeden Geschmack etwas dabei.
Also lassen Sie sich von Kummers Lieblingsrezepten verwöhnen.
Guten Appetit!

Auch als E-Book erhältlich!

Forelleneintopf

Zutaten für 3 Personen:
- 2 Tassen rote Linsen
- 300 g geräucherte Forellenfilets
- 300 g Kartoffeln
- 1 rote Paprika
- 1 grüne Paprika
- 1 Stange Lauch
- 1 Zwiebel
- 1 Knoblauchzehe
- 3 EL Tomatenmark
- 400 ml Fischfond
- 2 - 3 EL Olivenöl
- 1 - 2 Prisen Meersalz
- 2 - 3 Prisen schwarzer Pfeffer

Zubereitung:

Forellenfilets grob zerteilen. Kartoffeln schälen, waschen und in kleine Würfel schneiden. Paprikas schälen, Kerngehäuse entfernen und in Streifen schneiden. Lauch waschen, putzen und in dünne Ringe schneiden. Zwiebel und Knoblauchzehe schälen und fein hacken.

Olivenöl in einem Topf erhitzen. Zwiebel, Knoblauch und Tomatenmark zufügen und anschwitzen. Kartoffeln, Paprika und Lauch zufügen und kurz andünsten. Fischfond zufügen, aufkochen und ca. 10 Minuten köcheln lassen. Linsen unterheben und alles noch weitere 15 Minuten köcheln lassen. Mit Meersalz und Pfeffer würzen. Forellenfilets beifügen und weitere 5 Minuten köcheln lassen.

Rezeptidee aus
„Vegetarischer Genuss - Quer Beet"
ISBN: 978-3-7481-6766-2

Von wegen, vegetarisches Essen ist langweilig. Überzeugen Sie sich selbst, wie vielfältig und interessant diese gesunde und immer beliebter werdende Ernährungsform sein kann.

Wie der Name „Vegetarischer Genuss – Quer Beet" schon verrät, finden Sie hier abwechslungsreiche Rezepte für jeden Geschmack.

Also haben Sie Mut und lassen sich auf eine köstliche Reise ein, die einen großen Reiz hat und mal andere Geschmackserlebnisse bietet.

Ein Muss für Freunde der vegetarischen Küche und für die, die einfach mal gerne einen fleischlosen Tag einlegen wollen.

Als besonderes Bonbon gibt es eine literarische Vorspeise. Und gelacht werden darf auch.

Guten Appetit!

Auch als E-Book erhältlich!

Mango-Suppe

Zutaten für 1 Person:

- 150 g Mango (reife Frucht)
- 100 g Möhren
- 1 rote Paprika
- 1 TL flüssiger Honig
- 2 - 3 EL flüssige Sahne
- 2 EL Creme fraiche
- 1 TL Zitronensaft
- 200 ml Gemüsebrühe
- 2 - 3 EL Olivenöl
- 1 TL Kokosflocken
- ½ TL Ingwerpulver
- 2 EL Currypulver
- ½ TL Salz
- 1 - 2 Prisen schwarzer Pfeffer

Zubereitung:

Mango schälen, das Fruchtfleisch vom Kern entfernen und in kleine Stücke schneiden. Möhren schälen und in dünne Scheiben schneiden. Paprika schälen, Kerngehäuse entfernen und die Paprika dann in kleine Würfel schneiden.

Olivenöl in einem Topf erhitzen. Möhren sowie Paprika zufügen, mit 1 EL Currypulver bestäuben und anschwitzen. Gemüsebrühe, Sahne, Creme fraiche sowie Mango zugeben und aufkochen. Mit dem restlichen Currypulver, Ingwerpulver, Salz und Pfeffer würzen. Bei mittlerer Hitze zugedeckt ca. 10 - 15 Minuten köcheln lassen, dann pürieren. Mit Zitronensaft sowie Honig abschmecken und Kokosflocken bestreuen.

Rezeptidee aus „Vegetarische Weltreise" ISBN: 978-3-7528-3915-9

„Einmal um die ganze Welt", besang schon Karel Gott. Warum sich also nicht mal auf eine kulinarische Reise begeben?

„Vegetarische Weltreise" lädt Sie dazu ein, auf die Teller anderer Nationen zu schauen und die Welt vom Gaumen her kennenzulernen. Also haben Sie Mut und lassen sich auf eine köstliche Reise ein, die Abwechslung und besondere Geschmackserlebnisse bietet.

Auch Nicht-Vegetarier werden hier etwas Schmackhaftes finden. Denn es steht völlig außer Frage, dass man auch ohne Fleisch genießen kann.

Als besonderes Bonbon gibt es einen literarischen Nachtisch.

Guten Appetit!

Auch als E-Book erhältlich!

Pistazien-Orangen Suppe aus dem Iran

Zutaten für 2 Personen:

- 6 - 8 Frühlingszwiebeln
- 100 g Pistazien (geschält)
- 1 Orange
- 100 ml Orangensaft
- 200 ml Gemüsebrühe
- 1 Msp. Ingwerpulver
- 1 - 2 Prisen Salz
- 2 - 3 Prisen schwarzer Pfeffer

Zubereitung:

Frühlingszwiebeln putzen und in Ringe schneiden. Pistazien fein hacken. Orange schälen, darauf achten, dass die weiße Haut komplett entfernt wird und dann filetieren.

Pistazien ohne Zugabe von Fett in einer Pfanne rösten. Dabei ständig rühren, damit sie nicht anbrennen. Wenn sie Farbe annehmen, in eine Schüssel geben und beiseite stellen.

Gemüsebrühe in einem Topf zum Kochen bringen. Frühlingszwiebeln, Pistazien sowie Ingwerpulver zufügen und bei schwacher Hitze ca. 10 Minuten köcheln lassen. Orangensaft zufügen, mit Salz sowie Pfeffer würzen und ca. 5 Minuten ziehen lassen.

Suppe in Teller füllen und mit Orangenfilets bestreut servieren.

Rezeptidee aus
„Vegetarisch für die ganze Familie"
ISBN: 978-3-7448-9344-2

Buchbeschreibung:
Bei „Vegetarisch für die ganze Familie" kommt, wie der Name schon verrät, jeder auf seine Kosten – egal ob Groß oder Klein.
Es wird süß, pikant, orientalisch, kohlenhydratarm und …
Rezepte, um Familie und Freunde kulinarisch zu verwöhnen. Und auch für Kinder sind leckere Gerichte dabei.
Eine Speisekarte voller Köstlichkeiten. Haben Sie jedoch keine Angst davor, kreativ zu sein und das eine oder andere Rezept je nach Geschmack zu variieren. Es heißt schließlich: Die Königin des Kochens ist die Fantasie!
Ein Muss für Freunde der vegetarischen Küche und für die, die einfach mal gerne einen fleischlosen Tag einlegen wollen.
Und als zusätzliches Extra gibt es noch einen literarischen Nachtisch.
Guten Appetit!

Auch als E-Book erhältlich!

Mairüben-Kartoffel-Eintopf

Zutaten für 2 Personen:

- ◆ 4 Mairüben
- ◆ 4 Kartoffeln
- ◆ 1 Stange Lauch
- ◆ 1 Zwiebel
- ◆ 3 EL saure Sahne
- ◆ 300 ml Gemüsebrühe
- ◆ 2 EL Butter
- ◆ ½ TL Majoran
- ◆ 2 - 3 Prisen Paprikapulver (süß)
- ◆ 1 Prise Zucker
- ◆ 2 - 3 Prisen Kräutersalz
- ◆ 2 - 3 Prisen Pfeffer

Zubereitung:

Mairüben schälen und würfeln. Kartoffeln schälen, waschen und würfeln. Lauch putzen und in Ringe schneiden. Zwiebel schälen und fein hacken.

Butter in einem Topf erhitzen und die Zwiebel darin anschwitzen.

Gemüsebrühe und Kartoffeln zufügen, aufkochen und bei mittlerer Hitze ca. 10 - 15 Minuten köcheln lassen.

Mairüben sowie saure Sahne zufügen, mit Majoran, Paprikapulver, Zucker, Kräutersalz sowie Pfeffer würzen und weitere 10 Minuten köcheln lassen.

Rezeptidee aus
„Zauberhafte Gerichte aus der Koboldküche"
ISBN: 978-3-7357-9215-0

Buchbeschreibung:
Was steht wohl bei einem Kobold alles auf dem Speiseplan?
Nepomuck gewährt Einblick in seine Küche und verrät so manches bisher geheim gehaltene Rezept.
Die Gerichte sind ein wahrer Gaumenschmaus.
Darüber hinaus hält das Büchlein noch ein paar Überraschungen parat.
Nepomuck wünscht gutes Gelingen und ganz viel Spaß!

Auch als E-Book erhältlich!

Kirschsuppe

Zutaten für 4 Personen:

- 1 kg Süßkirschen
- 1 kg Sauerkirschen
- 2 Liter Wasser
- 4 EL Zucker

Für die Klöße:

- 3 zerquirlte Eier
- 1 EL Zucker
- ¼ Liter Milch
- 100 g Mehl
- 50 g Speisestärke (Mondamin)
- 30 g Butter

Zubereitung:

Entsteinte Kirschen, Wasser und Zucker in einen großen Kochtopf geben und etwa 10 bis 15 Minuten kochen lassen.

Die Zutaten für die Klöße zu einem glatten Teig verquirlen und in der Butter in einer breiten Pfanne unter ständigem Rühren fest werden lassen, bis er die Festigkeit eines Omeletts hat. Dann mit einem Esslöffel Teig aus der Pfanne portionsweise abstechen und in die kochende Suppe geben.

Alles so lange kochen lassen, bis die Klöße gar sind und an die Oberfläche kommen.

Autorenprofil

Britta Kummer wurde 1970 in Hagen (NRW) geboren. Heute lebt sie im schönen Ennepetal und ist gelernte Versicherungskauffrau.

Die Freude am Schreiben hat sie im Jahre 2007 entdeckt und seit dieser Zeit bestimmt es ihr Leben. Es macht ihr einfach großen Spaß, sich auf diese Art und Weise auszudrücken.

Erst wurden ihre Werke im Bekanntenkreis herumgereicht und die Resonanz darauf war sehr positiv.

Es dauerte nicht lange und schon hielt sie ihr 1. Buch "Willkommen zu Hause, Amy" in Händen. Dieses Buch wurde im Januar 2016 mit dem Daisy Book Award ausgezeichnet. Der Kärntner Lesekreis "Lesefuchs" vergibt in unregelmäßigen Abständen diese Auszeichnung für gute Kinder- und Jugendliteratur.

Weitere Informationen finden Sie unter: http://brittasbuecher.jimdo.com/

Bücher der Autorin

Pferde erzählen, ISBN: 978-3-9611-1618-8
Zac und der geheime Auftrag, ISBN: 978-3-9611-1668-3
Willkommen zu Hause, Amy, 978-3-9611-1705-5
Die Abenteuer des kleinen Finn, ISBN: 978-3-8448-1599-3
Kummers Kindergeschichten, ISBN: 978-3-7386-0100-8
Kummers Kindergeschichten 2, ISBN: 978-3-7392-3824-1
Kleine Mutmachgeschichten, ISBN: 978-3-9030-5644-2
Gedankenkarussell – Eine literarische Reise, ISBN: 978-3-7392-4553-9
Mein Leben mit MS, ISBN: 978-3-9030-5642-8
Mein Leben mit MS 2, ISBN: 978-3-9654-4078-4
Weihnachtsgeschichten … und noch mehr, ISBN: 978-3-7386-4553-8
Gut geschmiert in den Tag: Brittas und Edes Marmeladengenuss,
ISBN: 978-3-7481-2597-6
Das Marmeladenbüchlein, ISBN: 978-3-9611-1212-8
Vegetarisch für die ganze Familie, ISBN: 978-3-7448-9344-2
Kummers Ofengerichte, ISBN: 978-3-7431-4125-4
Kummers Schlemmerkochbuch, ISBN: 978-3-7322-3126-3
Vegetarische Weltreise, ISBN: 978-3-7528-3915-9
Vegetarischer Genuss - Quer Beet, ISBN: 978-3-7481-6766-2
Vegetarisch für Jedermann [Kindle Edition], ASIN: B079YGP512
Guten Appetit [Kindle Edition], ASIN: B07B8BR3R2
BE VEGGIE [Kindle Edition], ASIN: B07M7C3RJC

Danke

Der größte Dank geht an meine Eltern, weil sie immer für mich der Fels in der Brandung sind und mir helfen, all meine Höhen und Tiefen zu überwinden.

An meine Freunde, die immer da sind, wenn ich mal eine starke Schulter zum Anlehnen, zum Zuhören, zum Trösten, zum Weinen, aber auch zum Lachen, brauche.

An meine Autorenfreunde
Heidi Dahlsen
http://autorin-heidi-dahlsen.jimdo.com/

Christine Erdiç
http://christineerdic.jimdo.com/
https://literatur-reisetipps.blogspot.de/

für ihre kreative Unterstützung, unermüdliche Hilfe und dass sie mir immer mit Rat und Tat zur Seite stehen.

Und nicht zu vergessen Gudrun Krug, die für dieses Buch eine literarische Vorspeise verfasst hat.

Buchstabensüppchen

Im Buchstabensüppchen trifft Literatur auf Genuss.

Interessante Buchtipps und Leseproben machen Spaß auf mehr.

Schmackhafte Rezeptideen laden zum Nachkochen ein.

Viel Vergnügen beim Stöbern.

http://buchstabensueppchen.jimdo.com/